Bienvenida a los invitados

¡...y entrar con el corazón contento!
¡Que todos los que entren como invitados, salgan como amigos!

Nombre del invitado:

Fechas de la estancia:

Visitando desde:

Mensaje para el anfitrión :

Momentos favoritos (momentos especiales de su estancia):

Recomendaciones para futuros huéspedes (como restaurantes, entretenimiento, sitios para ver, etc.):

Nombre del invitado:

Fechas de la estancia:

Visitando desde:

Mensaje para el anfitrión :

Momentos favoritos (momentos especiales de su estancia):

Recomendaciones para futuros huéspedes (como restaurantes, entretenimiento, sitios para ver, etc.):

Nombre del invitado:

Fechas de la estancia:

Visitando desde:

Mensaje para el anfitrión :

Momentos favoritos (momentos especiales de su estancia):

Recomendaciones para futuros huéspedes (como restaurantes, entretenimiento, sitios para ver, etc.):

Nombre del invitado:

Fechas de la estancia:

Visitando desde:

Mensaje para el anfitrión :

Momentos favoritos (momentos especiales de su estancia):

Recomendaciones para futuros huéspedes (como restaurantes, entretenimiento, sitios para ver, etc.):

Nombre del invitado:

Fechas de la estancia:

Visitando desde:

Mensaje para el anfitrión:

Momentos favoritos (momentos especiales de su estancia):

Recomendaciones para futuros huéspedes (como restaurantes, entretenimiento, sitios para ver, etc.):

Nombre del invitado:

Fechas de la estancia:

Visitando desde:

Mensaje para el anfitrión :

Momentos favoritos (momentos especiales de su estancia):

Recomendaciones para futuros huéspedes (como restaurantes, entretenimiento, sitios para ver, etc.):

Nombre del invitado:

Fechas de la estancia:

Visitando desde:

Mensaje para el anfitrión :

Momentos favoritos (momentos especiales de su estancia):

Recomendaciones para futuros huéspedes (como restaurantes, entretenimiento, sitios para ver, etc.):

Nombre del invitado:

Fechas de la estancia:

Visitando desde:

Mensaje para el anfitrión:

Momentos favoritos (momentos especiales de su estancia):

Recomendaciones para futuros huéspedes (como restaurantes, entretenimiento, sitios para ver, etc.):

Nombre del invitado:

Fechas de la estancia:

Visitando desde:

Mensaje para el anfitrión:

Momentos favoritos (momentos especiales de su estancia):

Recomendaciones para futuros huéspedes (como restaurantes, entretenimiento, sitios para ver, etc.):

Nombre del invitado:

Fechas de la estancia:

Visitando desde:

Mensaje para el anfitrión :

Momentos favoritos (momentos especiales de su estancia):

Recomendaciones para futuros huéspedes (como restaurantes, entretenimiento, sitios para ver, etc.):

Nombre del invitado:

Fechas de la estancia:

Visitando desde:

Mensaje para el anfitrión :

Momentos favoritos (momentos especiales de su estancia):

Recomendaciones para futuros huéspedes (como restaurantes, entretenimiento, sitios para ver, etc.):

Nombre del invitado:

Fechas de la estancia:

Visitando desde:

Mensaje para el anfitrión:

Momentos favoritos (momentos especiales de su estancia):

Recomendaciones para futuros huéspedes (como restaurantes, entretenimiento, sitios para ver, etc.):

Nombre del invitado:

Fechas de la estancia:

Visitando desde:

Mensaje para el anfitrión :

Momentos favoritos (momentos especiales de su estancia):

Recomendaciones para futuros huéspedes (como restaurantes, entretenimiento, sitios para ver, etc.):

Nombre del invitado::

Fechas de la estancia:

Visitando desde:

Mensaje para el anfitrión :

Momentos favoritos (momentos especiales de su estancia):

Recomendaciones para futuros huéspedes (como restaurantes, entretenimiento, sitios para ver, etc.):

Nombre del invitado:

Fechas de la estancia:

Visitando desde:

Mensaje para el anfitrión :

Momentos favoritos (momentos especiales de su estancia):

Recomendaciones para futuros huéspedes (como restaurantes, entretenimiento, sitios para ver, etc.):

Nombre del invitado:

Fechas de la estancia:

Visitando desde:

Mensaje para el anfitrión :

Momentos favoritos (momentos especiales de su estancia):

Recomendaciones para futuros huéspedes (como restaurantes, entretenimiento, sitios para ver, etc.):

Nombre del invitado:

Fechas de la estancia:

Visitando desde:

Mensaje para el anfitrión:

Momentos favoritos (momentos especiales de su estancia):

Recomendaciones para futuros huéspedes (como restaurantes, entretenimiento, sitios para ver, etc.):

Nombre del invitado:

Fechas de la estancia:

Visitando desde:

Mensaje para el anfitrión:

Momentos favoritos (momentos especiales de su estancia):

Recomendaciones para futuros huéspedes (como restaurantes, entretenimiento, sitios para ver, etc.):

Nombre del invitado:

Fechas de la estancia:

Visitando desde:

Mensaje para el anfitrión :

Momentos favoritos (momentos especiales de su estancia):

Recomendaciones para futuros huéspedes (como restaurantes, entretenimiento, sitios para ver, etc.):

Nombre del invitado:

Fechas de la estancia:

Visitando desde:

Mensaje para el anfitrión :

Momentos favoritos (momentos especiales de su estancia):

Recomendaciones para futuros huéspedes (como restaurantes, entretenimiento, sitios para ver, etc.):

Nombre del invitado:

Fechas de la estancia:

Visitando desde:

Mensaje para el anfitrión:

Momentos favoritos (momentos especiales de su estancia):

Recomendaciones para futuros huéspedes (como restaurantes, entretenimiento, sitios para ver, etc.):

Nombre del invitado:

Fechas de la estancia:

Visitando desde:

Mensaje para el anfitrión:

Momentos favoritos (momentos especiales de su estancia):

Recomendaciones para futuros huéspedes (como restaurantes, entretenimiento, sitios para ver, etc.):

Nombre del invitado:

Fechas de la estancia:

Visitando desde:

Mensaje para el anfitrión :

Momentos favoritos (momentos especiales de su estancia):

Recomendaciones para futuros huéspedes (como restaurantes, entretenimiento, sitios para ver, etc.):

Nombre del invitado::

Fechas de la estancia:

Visitando desde:

Mensaje para el anfitrión :

Momentos favoritos (momentos especiales de su estancia):

Recomendaciones para futuros huéspedes (como restaurantes, entretenimiento, sitios para ver, etc.):

Nombre del invitado:

Fechas de la estancia:

Visitando desde:

Mensaje para el anfitrión :

Momentos favoritos (momentos especiales de su estancia):

Recomendaciones para futuros huéspedes (como restaurantes, entretenimiento, sitios para ver, etc.):

Nombre del invitado:

Fechas de la estancia:

Visitando desde:

Mensaje para el anfitrión :

Momentos favoritos (momentos especiales de su estancia):

Recomendaciones para futuros huéspedes (como restaurantes, entretenimiento, sitios para ver, etc.):

Nombre del invitado:

Fechas de la estancia:

Visitando desde:

Mensaje para el anfitrión :

Momentos favoritos (momentos especiales de su estancia):

Recomendaciones para futuros huéspedes (como restaurantes, entretenimiento, sitios para ver, etc.):

Nombre del invitado:

Fechas de la estancia:

Visitando desde:

Mensaje para el anfitrión:

Momentos favoritos (momentos especiales de su estancia):

Recomendaciones para futuros huéspedes (como restaurantes, entretenimiento, sitios para ver, etc.):

Nombre del invitado:

Fechas de la estancia:

Visitando desde:

Mensaje para el anfitrión :

Momentos favoritos (momentos especiales de su estancia):

Recomendaciones para futuros huéspedes (como restaurantes, entretenimiento, sitios para ver, etc.):

Nombre del invitado:

Fechas de la estancia:

Visitando desde:

Mensaje para el anfitrión :

Momentos favoritos (momentos especiales de su estancia):

Recomendaciones para futuros huéspedes (como restaurantes, entretenimiento, sitios para ver, etc.):

Nombre del invitado:

Fechas de la estancia:

Visitando desde:

Mensaje para el anfitrión :

Momentos favoritos (momentos especiales de su estancia):

Recomendaciones para futuros huéspedes (como restaurantes, entretenimiento, sitios para ver, etc.):

Nombre del invitado:

Fechas de la estancia:

Visitando desde:

Mensaje para el anfitrión:

Momentos favoritos (momentos especiales de su estancia):

Recomendaciones para futuros huéspedes (como restaurantes, entretenimiento, sitios para ver, etc.):

Nombre del invitado:

Fechas de la estancia:

Visitando desde:

Mensaje para el anfitrión :

Momentos favoritos (momentos especiales de su estancia):

Recomendaciones para futuros huéspedes (como restaurantes, entretenimiento, sitios para ver, etc.):

Nombre del invitado::

Fechas de la estancia:

Visitando desde:

Mensaje para el anfitrión :

Momentos favoritos (momentos especiales de su estancia):

Recomendaciones para futuros huéspedes (como restaurantes, entretenimiento, sitios para ver, etc.):

Nombre del invitado:

Fechas de la estancia:

Visitando desde:

Mensaje para el anfitrión :

Momentos favoritos (momentos especiales de su estancia):

Recomendaciones para futuros huéspedes (como restaurantes, entretenimiento, sitios para ver, etc.):

Nombre del invitado:

Fechas de la estancia:

Visitando desde:

Mensaje para el anfitrión:

Momentos favoritos (momentos especiales de su estancia):

Recomendaciones para futuros huéspedes (como restaurantes, entretenimiento, sitios para ver, etc.):

Nombre del invitado:

Fechas de la estancia:

Visitando desde:

Mensaje para el anfitrión :

Momentos favoritos (momentos especiales de su estancia):

Recomendaciones para futuros huéspedes (como restaurantes, entretenimiento, sitios para ver, etc.):

Nombre del invitado:

Fechas de la estancia:

Visitando desde:

Mensaje para el anfitrión:

Momentos favoritos (momentos especiales de su estancia):

Recomendaciones para futuros huéspedes (como restaurantes, entretenimiento, sitios para ver, etc.):

Nombre del invitado::

Fechas de la estancia:

Visitando desde:

Mensaje para el anfitrión :

Momentos favoritos (momentos especiales de su estancia):

Recomendaciones para futuros huéspedes (como restaurantes, entretenimiento, sitios para ver, etc.):

Nombre del invitado:

Fechas de la estancia:

Visitando desde:

Mensaje para el anfitrión :

Momentos favoritos (momentos especiales de su estancia):

Recomendaciones para futuros huéspedes (como restaurantes, entretenimiento, sitios para ver, etc.):

Nombre del invitado:

Fechas de la estancia:

Visitando desde:

Mensaje para el anfitrión :

Momentos favoritos (momentos especiales de su estancia):

Recomendaciones para futuros huéspedes (como restaurantes, entretenimiento, sitios para ver, etc.):

Nombre del invitado:

Fechas de la estancia:

Visitando desde:

Mensaje para el anfitrión :

Momentos favoritos (momentos especiales de su estancia):

Recomendaciones para futuros huéspedes (como restaurantes, entretenimiento, sitios para ver, etc.):

Nombre del invitado:

Fechas de la estancia:

Visitando desde:

Mensaje para el anfitrión :

Momentos favoritos (momentos especiales de su estancia):

Recomendaciones para futuros huéspedes (como restaurantes, entretenimiento, sitios para ver, etc.):

Nombre del invitado:

Fechas de la estancia:

Visitando desde:

Mensaje para el anfitrión :

Momentos favoritos (momentos especiales de su estancia):

Recomendaciones para futuros huéspedes (como restaurantes, entretenimiento, sitios para ver, etc.):

Nombre del invitado:

Fechas de la estancia:

Visitando desde:

Mensaje para el anfitrión :

Momentos favoritos (momentos especiales de su estancia):

Recomendaciones para futuros huéspedes (como restaurantes, entretenimiento, sitios para ver, etc.):

Nombre del invitado:

Fechas de la estancia:

Visitando desde:

Mensaje para el anfitrión:

Momentos favoritos (momentos especiales de su estancia):

Recomendaciones para futuros huéspedes (como restaurantes, entretenimiento, sitios para ver, etc.):

Nombre del invitado:

Fechas de la estancia:

Visitando desde:

Mensaje para el anfitrión :

Momentos favoritos (momentos especiales de su estancia):

Recomendaciones para futuros huéspedes (como restaurantes, entretenimiento, sitios para ver, etc.):

Nombre del invitado:

Fechas de la estancia:

Visitando desde:

Mensaje para el anfitrión:

Momentos favoritos (momentos especiales de su estancia):

Recomendaciones para futuros huéspedes (como restaurantes, entretenimiento, sitios para ver, etc.):

Nombre del invitado:

Fechas de la estancia:

Visitando desde:

Mensaje para el anfitrión:

Momentos favoritos (momentos especiales de su estancia):

Recomendaciones para futuros huéspedes (como restaurantes, entretenimiento, sitios para ver, etc.):

Nombre del invitado:

Fechas de la estancia:

Visitando desde:

Mensaje para el anfitrión :

Momentos favoritos (momentos especiales de su estancia):

Recomendaciones para futuros huéspedes (como restaurantes, entretenimiento, sitios para ver, etc.):

Nombre del invitado:

Fechas de la estancia:

Visitando desde:

Mensaje para el anfitrión :

Momentos favoritos (momentos especiales de su estancia):

Recomendaciones para futuros huéspedes (como restaurantes, entretenimiento, sitios para ver, etc.):

Nombre del invitado:

Fechas de la estancia:

Visitando desde:

Mensaje para el anfitrión:

Momentos favoritos (momentos especiales de su estancia):

Recomendaciones para futuros huéspedes (como restaurantes, entretenimiento, sitios para ver, etc.):

Nombre del invitado:

Fechas de la estancia:

Visitando desde:

Mensaje para el anfitrión:

Momentos favoritos (momentos especiales de su estancia):

Recomendaciones para futuros huéspedes (como restaurantes, entretenimiento, sitios para ver, etc.):

Nombre del invitado:

Fechas de la estancia:

Visitando desde:

Mensaje para el anfitrión:

Momentos favoritos (momentos especiales de su estancia):

Recomendaciones para futuros huéspedes (como restaurantes, entretenimiento, sitios para ver, etc.):

Nombre del invitado:

Fechas de la estancia:

Visitando desde:

Mensaje para el anfitrión :

Momentos favoritos (momentos especiales de su estancia):

Recomendaciones para futuros huéspedes (como restaurantes, entretenimiento, sitios para ver, etc.):

Nombre del invitado:

Fechas de la estancia:

Visitando desde:

Mensaje para el anfitrión:

Momentos favoritos (momentos especiales de su estancia):

Recomendaciones para futuros huéspedes (como restaurantes, entretenimiento, sitios para ver, etc.):

Nombre del invitado:

Fechas de la estancia:

Visitando desde:

Mensaje para el anfitrión :

Momentos favoritos (momentos especiales de su estancia):

Recomendaciones para futuros huéspedes (como restaurantes, entretenimiento, sitios para ver, etc.):

Nombre del invitado:

Fechas de la estancia:

Visitando desde:

Mensaje para el anfitrión :

Momentos favoritos (momentos especiales de su estancia):

Recomendaciones para futuros huéspedes (como restaurantes, entretenimiento, sitios para ver, etc.):

Nombre del invitado:

Fechas de la estancia:

Visitando desde:

Mensaje para el anfitrión :

Momentos favoritos (momentos especiales de su estancia):

Recomendaciones para futuros huéspedes (como restaurantes, entretenimiento, sitios para ver, etc.):

Nombre del invitado:

Fechas de la estancia:

Visitando desde:

Mensaje para el anfitrión :

Momentos favoritos (momentos especiales de su estancia):

Recomendaciones para futuros huéspedes (como restaurantes, entretenimiento, sitios para ver, etc.):

Nombre del invitado:

Fechas de la estancia:

Visitando desde:

Mensaje para el anfitrión:

Momentos favoritos (momentos especiales de su estancia):

Recomendaciones para futuros huéspedes (como restaurantes, entretenimiento, sitios para ver, etc.):

Nombre del invitado:

Fechas de la estancia:

Visitando desde:

Mensaje para el anfitrión :

Momentos favoritos (momentos especiales de su estancia):

Recomendaciones para futuros huéspedes (como restaurantes, entretenimiento, sitios para ver, etc.):

Nombre del invitado:

Fechas de la estancia:

Visitando desde:

Mensaje para el anfitrión :

Momentos favoritos (momentos especiales de su estancia):

Recomendaciones para futuros huéspedes (como restaurantes, entretenimiento, sitios para ver, etc.):

Nombre del invitado:

Fechas de la estancia:

Visitando desde:

Mensaje para el anfitrión:

Momentos favoritos (momentos especiales de su estancia):

Recomendaciones para futuros huéspedes (como restaurantes, entretenimiento, sitios para ver, etc.):

Nombre del invitado:

Fechas de la estancia:

Visitando desde:

Mensaje para el anfitrión:

Momentos favoritos (momentos especiales de su estancia):

Recomendaciones para futuros huéspedes (como restaurantes, entretenimiento, sitios para ver, etc.):

Nombre del invitado:

Fechas de la estancia:

Visitando desde:

Mensaje para el anfitrión:

Momentos favoritos (momentos especiales de su estancia):

Recomendaciones para futuros huéspedes (como restaurantes, entretenimiento, sitios para ver, etc.):

Nombre del invitado::

Fechas de la estancia:

Visitando desde:

Mensaje para el anfitrión :

Momentos favoritos (momentos especiales de su estancia):

Recomendaciones para futuros huéspedes (como restaurantes, entretenimiento, sitios para ver, etc.):

Nombre del invitado:

Fechas de la estancia:

Visitando desde:

Mensaje para el anfitrión:

Momentos favoritos (momentos especiales de su estancia):

Recomendaciones para futuros huéspedes (como restaurantes, entretenimiento, sitios para ver, etc.):

Nombre del invitado:

Fechas de la estancia:

Visitando desde:

Mensaje para el anfitrión:

Momentos favoritos (momentos especiales de su estancia):

Recomendaciones para futuros huéspedes (como restaurantes, entretenimiento, sitios para ver, etc.):

Nombre del invitado:

Fechas de la estancia:

Visitando desde:

Mensaje para el anfitrión :

Momentos favoritos (momentos especiales de su estancia):

Recomendaciones para futuros huéspedes (como restaurantes, entretenimiento, sitios para ver, etc.):

Nombre del invitado:

Fechas de la estancia:

Visitando desde:

Mensaje para el anfitrión :

Momentos favoritos (momentos especiales de su estancia):

Recomendaciones para futuros huéspedes (como restaurantes, entretenimiento, sitios para ver, etc.):

Nombre del invitado:

Fechas de la estancia:

Visitando desde:

Mensaje para el anfitrión :

Momentos favoritos (momentos especiales de su estancia):

Recomendaciones para futuros huéspedes (como restaurantes, entretenimiento, sitios para ver, etc.):

Nombre del invitado:

Fechas de la estancia:

Visitando desde:

Mensaje para el anfitrión :

Momentos favoritos (momentos especiales de su estancia):

Recomendaciones para futuros huéspedes (como restaurantes, entretenimiento, sitios para ver, etc.):

Nombre del invitado:

Fechas de la estancia:

Visitando desde:

Mensaje para el anfitrión :

Momentos favoritos (momentos especiales de su estancia):

Recomendaciones para futuros huéspedes (como restaurantes, entretenimiento, sitios para ver, etc.):

Nombre del invitado:

Fechas de la estancia:

Visitando desde:

Mensaje para el anfitrión :

Momentos favoritos (momentos especiales de su estancia):

Recomendaciones para futuros huéspedes (como restaurantes, entretenimiento, sitios para ver, etc.):

Nombre del invitado:

Fechas de la estancia:

Visitando desde:

Mensaje para el anfitrión :

Momentos favoritos (momentos especiales de su estancia):

Recomendaciones para futuros huéspedes (como restaurantes, entretenimiento, sitios para ver, etc.):

Nombre del invitado:

Fechas de la estancia:

Visitando desde:

Mensaje para el anfitrión :

Momentos favoritos (momentos especiales de su estancia):

Recomendaciones para futuros huéspedes (como restaurantes, entretenimiento, sitios para ver, etc.):

Nombre del invitado:

Fechas de la estancia:

Visitando desde:

Mensaje para el anfitrión:

Momentos favoritos (momentos especiales de su estancia):

Recomendaciones para futuros huéspedes (como restaurantes, entretenimiento, sitios para ver, etc.):

Nombre del invitado:

Fechas de la estancia:

Visitando desde:

Mensaje para el anfitrión :

Momentos favoritos (momentos especiales de su estancia):

Recomendaciones para futuros huéspedes (como restaurantes, entretenimiento, sitios para ver, etc.):

Nombre del invitado:

Fechas de la estancia:

Visitando desde:

Mensaje para el anfitrión:

Momentos favoritos (momentos especiales de su estancia):

Recomendaciones para futuros huéspedes (como restaurantes, entretenimiento, sitios para ver, etc.):

Nombre del invitado:

Fechas de la estancia:

Visitando desde:

Mensaje para el anfitrión:

Momentos favoritos (momentos especiales de su estancia):

Recomendaciones para futuros huéspedes (como restaurantes, entretenimiento, sitios para ver, etc.):

Nombre del invitado:

Fechas de la estancia:

Visitando desde:

Mensaje para el anfitrión :

Momentos favoritos (momentos especiales de su estancia):

Recomendaciones para futuros huéspedes (como restaurantes, entretenimiento, sitios para ver, etc.):

Nombre del invitado:

Fechas de la estancia:

Visitando desde:

Mensaje para el anfitrión:

Momentos favoritos (momentos especiales de su estancia):

Recomendaciones para futuros huéspedes (como restaurantes, entretenimiento, sitios para ver, etc.):

Nombre del invitado:

Fechas de la estancia:

Visitando desde:

Mensaje para el anfitrión:

Momentos favoritos (momentos especiales de su estancia):

Recomendaciones para futuros huéspedes (como restaurantes, entretenimiento, sitios para ver, etc.):

Nombre del invitado:

Fechas de la estancia:

Visitando desde:

Mensaje para el anfitrión:

Momentos favoritos (momentos especiales de su estancia):

Recomendaciones para futuros huéspedes (como restaurantes, entretenimiento, sitios para ver, etc.):

Nombre del invitado:

Fechas de la estancia:

Visitando desde:

Mensaje para el anfitrión :

Momentos favoritos (momentos especiales de su estancia):

Recomendaciones para futuros huéspedes (como restaurantes, entretenimiento, sitios para ver, etc.):

Nombre del invitado:

Fechas de la estancia:

Visitando desde:

Mensaje para el anfitrión :

Momentos favoritos (momentos especiales de su estancia):

Recomendaciones para futuros huéspedes (como restaurantes, entretenimiento, sitios para ver, etc.):

Nombre del invitado:

Fechas de la estancia:

Visitando desde:

Mensaje para el anfitrión :

Momentos favoritos (momentos especiales de su estancia):

Recomendaciones para futuros huéspedes (como restaurantes, entretenimiento, sitios para ver, etc.):

Nombre del invitado:

Fechas de la estancia:

Visitando desde:

Mensaje para el anfitrión:

Momentos favoritos (momentos especiales de su estancia):

Recomendaciones para futuros huéspedes (como restaurantes, entretenimiento, sitios para ver, etc.):

Nombre del invitado:

Fechas de la estancia:

Visitando desde:

Mensaje para el anfitrión :

Momentos favoritos (momentos especiales de su estancia):

Recomendaciones para futuros huéspedes (como restaurantes, entretenimiento, sitios para ver, etc.):

Nombre del invitado:

Fechas de la estancia:

Visitando desde:

Mensaje para el anfitrión :

Momentos favoritos (momentos especiales de su estancia):

Recomendaciones para futuros huéspedes (como restaurantes, entretenimiento, sitios para ver, etc.):

Nombre del invitado:

Fechas de la estancia:

Visitando desde:

Mensaje para el anfitrión :

Momentos favoritos (momentos especiales de su estancia):

Recomendaciones para futuros huéspedes (como restaurantes, entretenimiento, sitios para ver, etc.):

Nombre del invitado:

Fechas de la estancia:

Visitando desde:

Mensaje para el anfitrión :

Momentos favoritos (momentos especiales de su estancia):

Recomendaciones para futuros huéspedes (como restaurantes, entretenimiento, sitios para ver, etc.):

Nombre del invitado:

Fechas de la estancia:

Visitando desde:

Mensaje para el anfitrión :

Momentos favoritos (momentos especiales de su estancia):

Recomendaciones para futuros huéspedes (como restaurantes, entretenimiento, sitios para ver, etc.):

Nombre del invitado:

Fechas de la estancia:

Visitando desde:

Mensaje para el anfitrión :

Momentos favoritos (momentos especiales de su estancia):

Recomendaciones para futuros huéspedes (como restaurantes, entretenimiento, sitios para ver, etc.):

Nombre del invitado:

Fechas de la estancia:

Visitando desde:

Mensaje para el anfitrión :

Momentos favoritos (momentos especiales de su estancia):

Recomendaciones para futuros huéspedes (como restaurantes, entretenimiento, sitios para ver, etc.):

Nombre del invitado:

Fechas de la estancia:

Visitando desde:

Mensaje para el anfitrión:

Momentos favoritos (momentos especiales de su estancia):

Recomendaciones para futuros huéspedes (como restaurantes, entretenimiento, sitios para ver, etc.):

Nombre del invitado:

Fechas de la estancia:

Visitando desde:

Mensaje para el anfitrión :

Momentos favoritos (momentos especiales de su estancia):

Recomendaciones para futuros huéspedes (como restaurantes, entretenimiento, sitios para ver, etc.):

Nombre del invitado:

Fechas de la estancia:

Visitando desde:

Mensaje para el anfitrión:

Momentos favoritos (momentos especiales de su estancia):

Recomendaciones para futuros huéspedes (como restaurantes, entretenimiento, sitios para ver, etc.):

Nombre del invitado:

Fechas de la estancia:

Visitando desde:

Mensaje para el anfitrión :

Momentos favoritos (momentos especiales de su estancia):

Recomendaciones para futuros huéspedes (como restaurantes, entretenimiento, sitios para ver, etc.):

Nombre del invitado:

Fechas de la estancia:

Visitando desde:

Mensaje para el anfitrión :

Momentos favoritos (momentos especiales de su estancia):

Recomendaciones para futuros huéspedes (como restaurantes, entretenimiento, sitios para ver, etc.):

Nombre del invitado:

Fechas de la estancia:

Visitando desde:

Mensaje para el anfitrión :

Momentos favoritos (momentos especiales de su estancia):

Recomendaciones para futuros huéspedes (como restaurantes, entretenimiento, sitios para ver, etc.):

Nombre del invitado:

Fechas de la estancia:

Visitando desde:

Mensaje para el anfitrión :

Momentos favoritos (momentos especiales de su estancia):

Recomendaciones para futuros huéspedes (como restaurantes, entretenimiento, sitios para ver, etc.):

Nombre del invitado:

Fechas de la estancia:

Visitando desde:

Mensaje para el anfitrión :

Momentos favoritos (momentos especiales de su estancia):

Recomendaciones para futuros huéspedes (como restaurantes, entretenimiento, sitios para ver, etc.):

Nombre del invitado:

Fechas de la estancia:

Visitando desde:

Mensaje para el anfitrión:

Momentos favoritos (momentos especiales de su estancia):

Recomendaciones para futuros huéspedes (como restaurantes, entretenimiento, sitios para ver, etc.):

Nombre del invitado:

Fechas de la estancia:

Visitando desde:

Mensaje para el anfitrión :

Momentos favoritos (momentos especiales de su estancia):

Recomendaciones para futuros huéspedes (como restaurantes, entretenimiento, sitios para ver, etc.):

Nombre del invitado:

Fechas de la estancia:

Visitando desde:

Mensaje para el anfitrión :

Momentos favoritos (momentos especiales de su estancia):

Recomendaciones para futuros huéspedes (como restaurantes, entretenimiento, sitios para ver, etc.):

Nombre del invitado:

Fechas de la estancia:

Visitando desde:

Mensaje para el anfitrión:

Momentos favoritos (momentos especiales de su estancia):

Recomendaciones para futuros huéspedes (como restaurantes, entretenimiento, sitios para ver, etc.):

Nombre del invitado:

Fechas de la estancia:

Visitando desde:

Mensaje para el anfitrión:

Momentos favoritos (momentos especiales de su estancia):

Recomendaciones para futuros huéspedes (como restaurantes, entretenimiento, sitios para ver, etc.):

Nombre del invitado:

Fechas de la estancia:

Visitando desde:

Mensaje para el anfitrión :

Momentos favoritos (momentos especiales de su estancia):

Recomendaciones para futuros huéspedes (como restaurantes, entretenimiento, sitios para ver, etc.):

Nombre del invitado:

Fechas de la estancia:

Visitando desde:

Mensaje para el anfitrión :

Momentos favoritos (momentos especiales de su estancia):

Recomendaciones para futuros huéspedes (como restaurantes, entretenimiento, sitios para ver, etc.):

Nombre del invitado:

Fechas de la estancia:

Visitando desde:

Mensaje para el anfitrión :

Momentos favoritos (momentos especiales de su estancia):

Recomendaciones para futuros huéspedes (como restaurantes, entretenimiento, sitios para ver, etc.):

Nombre del invitado:

Fechas de la estancia:

Visitando desde:

Mensaje para el anfitrión:

Momentos favoritos (momentos especiales de su estancia):

Recomendaciones para futuros huéspedes (como restaurantes, entretenimiento, sitios para ver, etc.):

Nombre del invitado:

Fechas de la estancia:

Visitando desde:

Mensaje para el anfitrión:

Momentos favoritos (momentos especiales de su estancia):

Recomendaciones para futuros huéspedes (como restaurantes, entretenimiento, sitios para ver, etc.):

Nombre del invitado:

Fechas de la estancia:

Visitando desde:

Mensaje para el anfitrión :

Momentos favoritos (momentos especiales de su estancia):

Recomendaciones para futuros huéspedes (como restaurantes, entretenimiento, sitios para ver, etc.):

Nombre del invitado:

Fechas de la estancia:

Visitando desde:

Mensaje para el anfitrión :

Momentos favoritos (momentos especiales de su estancia):

Recomendaciones para futuros huéspedes (como restaurantes, entretenimiento, sitios para ver, etc.):

Nombre del invitado:

Fechas de la estancia:

Visitando desde:

Mensaje para el anfitrión:

Momentos favoritos (momentos especiales de su estancia):

Recomendaciones para futuros huéspedes (como restaurantes, entretenimiento, sitios para ver, etc.):

Nombre del invitado:

Fechas de la estancia:

Visitando desde:

Mensaje para el anfitrión:

Momentos favoritos (momentos especiales de su estancia):

Recomendaciones para futuros huéspedes (como restaurantes, entretenimiento, sitios para ver, etc.):

Nombre del invitado:

Fechas de la estancia:

Visitando desde:

Mensaje para el anfitrión :

Momentos favoritos (momentos especiales de su estancia):

Recomendaciones para futuros huéspedes (como restaurantes, entretenimiento, sitios para ver, etc.):

Nombre del invitado:

Fechas de la estancia:

Visitando desde:

Mensaje para el anfitrión :

Momentos favoritos (momentos especiales de su estancia):

Recomendaciones para futuros huéspedes (como restaurantes, entretenimiento, sitios para ver, etc.):

¡Muchas gracias!

¡Muchas gracias por probar nuestro Libro de visitas

¡Nos encantaría saber de ti!

Si te ha parecido un buen libro, por favor apóyanos y deja una reseña.

Si tienes alguna sugerencia o problema con este libro o si quieres probar alguno de nuestros últimos libros por favor, envíanos un correo electrónico.

Envíe un correo electrónico a:
pickme.readme@gmail.com

Copyrights 2022 - Todos los derechos reservados

Usted no puede reproducir, duplicar o enviar el contenido de este libro sin el permiso directo y por escrito del autor. En ningún caso podrá culpar al editor ni responsabilizarlo legalmente de cualquier reparación, compensación o pérdida de dinero debida a la información aquí incluida, ya sea de forma directa o indirecta.

Aviso legal: Este libro está protegido por derechos de autor. Puede utilizar el libro para fines personales. No debe vender, utilizar, alterar, distribuir, citar, tomar extractos o parafrasear en parte o en su totalidad el material contenido en este libro sin obtener primero el permiso del autor.

Aviso de exención de responsabilidad: Debe tener en cuenta que la información contenida en este documento es sólo para una lectura casual y con fines de entretenimiento. Hemos hecho todo lo posible para proporcionar información precisa, actualizada y fiable. No expresamos ni implicamos garantías de ningún tipo. La persona que lee admite que el escritor no se ocupa de dar consejos legales, financieros, médicos o de otro tipo. Ponemos este contenido del libro por el abastecimiento de varios lugares.

Por favor, consulte a un profesional con licencia antes de intentar cualquier técnica mostrada en este libro.Al pasar por este documento, el amante del libro llega a un acuerdo que bajo ninguna situación es el autor responsable de cualquier pérdida, directa o indirecta, que puedan incurrir debido al uso del material contenido en este documento, incluyendo, pero no limitado a los errores, omisiones o inexactitudes

www.ingramcontent.com/pod-product-compliance
Lightning Source LLC
Chambersburg PA
CBHW060406010526
44107CB00005B/606